BEI GRIN MACHT SICH IHR
WISSEN BEZAHLT

- Wir veröffentlichen Ihre Hausarbeit,
  Bachelor- und Masterarbeit

- Ihr eigenes eBook und Buch -
  weltweit in allen wichtigen Shops

- Verdienen Sie an jedem Verkauf

Jetzt bei www.GRIN.com hochladen
und kostenlos publizieren

Hanna Ruehle

Stuart Hall: Im Reigen von Kodierung und Dekodierung - Im Angesicht der Hybridity

GRIN Verlag

Bibliografische Information der Deutschen Nationalbibliothek:

Die Deutsche Bibliothek verzeichnet diese Publikation in der Deutschen National-
bibliografie; detaillierte bibliografische Daten sind im Internet über http://dnb.d-
nb.de/ abrufbar.

Impressum:

Copyright © 2010 GRIN Verlag, Open Publishing GmbH
Druck und Bindung: Books on Demand GmbH, Norderstedt Germany
ISBN: 978-3-640-79862-9

Dieses Buch bei GRIN:

http://www.grin.com/de/e-book/164776/stuart-hall-im-reigen-von-kodierung-und-
dekodierung-im-angesicht-der

GRIN - Your knowledge has value

Der GRIN Verlag publiziert seit 1998 wissenschaftliche Arbeiten von Studenten, Hochschullehrern und anderen Akademikern als eBook und gedrucktes Buch. Die Verlagswebsite www.grin.com ist die ideale Plattform zur Veröffentlichung von Hausarbeiten, Abschlussarbeiten, wissenschaftlichen Aufsätzen, Dissertationen und Fachbüchern.

Besuchen Sie uns im Internet:

http://www.grin.com/

http://www.facebook.com/grincom

http://www.twitter.com/grin_com

Stuart Hall im Reigen von Kodierung und Dekodierung- Im Angesicht der Hybridity

Inhaltsverzeichnis

1. Einleitung

Stuart Hall gilt als einer der wichtigsten Begründer der Cultural Studies. Geboren wurde Hall 1932 in Kingston, Jamaika. Dort wuchs er in einer Familie des unteren Mittelstandes auf. 1951 führte ihn sein Weg nach England, wo er studierte und später an verschiedenen Universitäten arbeitete, bis er 1968 Leiter des Birminghamer Centre of Contemporary Cultural Studies (CCCS) wurde (vgl. Krotz in Hepp/ Krotz/ Thomas 2009, S.210). Nachdem er diese Position 1977 aufgab, war Hall bis zu seiner Pensionierung 1997 als Professor für Soziologie an der britischen Open University tätig, ab 1995 war er zudem Präsident der British Sociological Association (vgl. Hall in Bromley/ Göttlich/ Winter 1999, S.92). Halls Interessen galten dem Sozialismus, insbesondere dem in Groß Britannien, zudem beschäftigt er sich mit antikolonialer Politik in den Dritte- Welt- Ländern. Heute gilt Stuart Hall nicht nur als einer der wichtigsten Intellektuellen marxistischer Ordnung, sondern darüber hinaus „international als visionärer, kritischer Intellektueller." (ebd., S.92).

1980 erschien sein Werk „Kodieren/ Dekodieren", mit dem ich mich im Folgenden näher auseinandersetzen werde, der zweite Schwerpunkt dieser Arbeit soll schließlich auf Halls Verständnis von kultureller Identität liegen. Er führt den Begriff der Diaspora an, sieht die kulturelle Identität eines Menschen als etwas Hybrides an. In seinem Werk „Kulturelle Identität und Diaspora" bezieht sich Hall diesbezüglich insbesondere auf eigene Erfahrungen, die er als Schwarzer Karibe gemacht hat.

2. Stuart Hall: Kodieren/ Dekodieren

Hall entwickelte mit dem Modell Kodieren/ Dekodieren einen neuen Ansatz für das Verstehen von Massenkommunikations- und Rezeptionsprozessen (vgl. Hall in Bromley/ Göttlich/ Winter 1999, S.92). Dieses Modell sieht Kommunikationsprozesse als Struktur, „die durch Artikulation miteinander verbundener, aber eigenständiger Momente produziert und aufrechterhalten wird [...]." (ebd., S.92). Die Bestandteile dieses Kommunikationsprozesses sind nach Hall Produktion, Zirkulation, Distribution/ Konsum und Reproduktion, angelehnt sind diese Begrifflichkeiten an Marx´s Modell der Güterproduktion (ebd., S.93). Jeder Moment des Kommunikationsprozesses ist dabei notwendig, kein Bestandteil des Diskurses kann also den darauffolgenden gewährleisten, obwohl sie in enger Verbindung zueinander stehen. Jeder Moment ist unverwechselbar, hat seine spezifischen Existenzbedingungen und seine eigene Modalität (vgl. ebd., S.93f). Bis heute ist dieser Ansatz richtungsweisend für Medienanalyen der Cultural Studies und löste damit den herkömmlichen Ansatz ab, der Kommunikation als linearen Informationstransport ansieht (vgl. Krotz in Hepp/ Krotz/

Thomas 2009, S.214). Kommunikation wurde in diesem Modell auf die einseitige Verschickung von Paketen reduziert, es ging hauptsächlich darum, zu erfahren, „wer was zu wem und auf welchem Kanal sagt, wer das nutzt und welche Wirkung das hat." (ebd., S.214). Hall zufolge bleiben in diesem Ansatz sowohl der Klassencharakter einer Gesellschaft als auch der darauf basierende Interessen- und Machtkampf der Menschen unberücksichtigt. Dieser behavioristische Ansatz mache es zudem nicht möglich, Gefühlsregungen, die in den Menschen vorgehen, zu verdeutlichen, demnach bleibe auch der Sinn ihrer Handlungen im Verborgenen, so Hall (vgl. ebd., S.215).

Ihm nach ist Kommunikation nur im Verhältnis zu Kultur und Gesellschaft zu verstehen. Somit ist die Wirklichkeit auch nur über sprachliche oder zeichenbezogene Formen zu erfahren, sie kann also nur über Zeichen medial vermittelt werden. Bei einer Kommunikationsanalyse müssen zudem gesellschaftliche Strukturen und Machtverhältnisse, Regeln der Sprache und semiotische Überlegungen berücksichtigt werden (vgl. ebd., S. 216f). Zeichen funktionieren laut Hall nach bestimmten gesellschaftlichen Regeln, welche kultur- und zeitspezifisch sind, demnach sind auch Medieninhalte nicht objektiv zu verstehen, sondern verweisen auf etwas (vgl. Hall in Bromley/ Göttlich/ Winter 1999, S.96). Beispielsweise ist die im Fernsehen dargestellte Kuh nur ein Zeichen für die Kuh selbst, da sie dort zwar „muhen" kann, jedoch mir, dem Zuschauer keine Milch geben kann (vgl. Krotz in Hepp/ Krotz/ Thomas 2009, S.215). Es sind gesellschaftsspezifische Kodes notwendig, um Gesagtes verstehen zu können bzw. das nun Dekodierte in einen selbst gewählten Kontext zu setzen (vgl. ebd., S.215). Diese Kodes sind nicht naturgegeben, sondern werden innerhalb einer Gesellschaft konstruiert. Viele dieser Kodes erscheinen uns jedoch natürlich, da wir sie von Kindesbeinen an in unser Denkschema integriert haben (vgl. Hall in Bromley/ Göttlich/ Winter 1999, S.99).

Mithilfe des folgenden Modells[1] möchte ich den Kommunikationsprozess, wie Hall ihn beschreibt, näher erläutern:

---

[1]Quelle:
http://images.google.de/imgres?imgurl=http://www.roebkers.de/medien/IMG00007.GIF&imgrefurl=http://www.roebkers.de/medien/diplarb3.htm&usg=__7fnY9VHiyEdl7OUPyoBL-TXlwCs=&h=300&w=540&sz=4&hl=de&start=1&um=1&tbnid=qryR1yVhHT4CNM:&tbnh=73&tbnw=132&prev=/images%3Fq%3Dmodell%2Bcoding/%2Bdecoding%2Bhall%26hl%3Dde%26client%3Dfirefox-a%26rls%3Dorg.mozilla:de:official%26hs%3Dqtj%26sa%3DG%26um%3D1, Zugriff am 12.01.2010, 14:44Uhr (Grafik auf Deutsch u.a. in Bromley/ Göttlich/ Winter 1999, S.97).

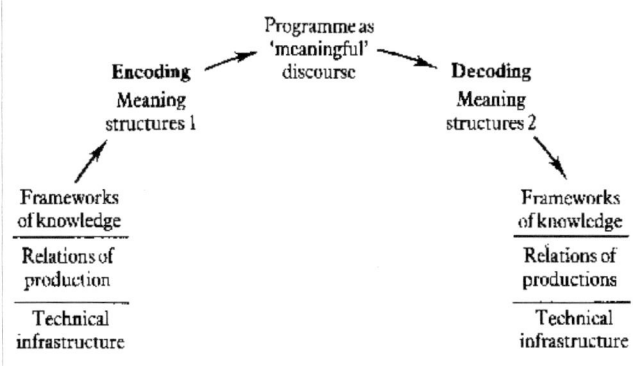

Dieses Modell berücksichtigt neben Produzenten, TV- Programm und Rezipienten auch die Produktionsbedingungen und die technische Infrastruktur des Senders. Im Rahmen der institutionellen Strukturen eines TV- oder Rundfunksenders werden Programme hergestellt, hier wird die Nachricht also produziert, dabei sind spezifische Bedingungen wie Produktionsverhältnisse der Nachricht, aber auch via Produktionsroutinen angeeignetes Wissen etc. zu beachten (vgl. Hall in Bromley/ Göttlich/ Winter 1999, S.95). Der Wissensrahmen bestimmt weiterhin die Vorstellung und die Bedeutung der Nachricht, also auch den Ablauf des Programms, erheblich mit. Nun wird die Nachricht nach gesellschaftlich anerkannten Kodes verpackt (kodiert). Das entstandene (TV-)Programm ist nun Hauptaugenmerk des Diskurses, es stellt Themen dar, die u.a. an Zuschauervorstellungen angelehnt, ausgewählt wurden (vgl. Hall in Bromley/ Göttlich/ Winter 1999, S.95). Der Konsum der Fernsehnachricht wird gleichzeitig zum Ausgangspunkt der Realisation dieser- der Zuschauer erkennt die Nachricht nun als sinnvoll an, rezipiert diese und bettet sie in einen selbstbestimmten Kontext ein, nachdem er sie nach den für seine Kultur spezifischen Regeln der Sprache dekodiert hat. Hier wird deutlich, dass auch Produktionsverhältnisse eines Senders den Regeln der Sprache unterstellt sind, sonst wäre eine Kommunikation nicht möglich (ebd., S.96). Die Nachricht erzielt beim Zuschauer schließlich einen individuell spezifischen Effekt, beispielsweise kann sie ihm einen bestimmten Nutzen bringen oder ein Bedürfnis befriedigen. Durch die Zuschauerquote beispielsweise kann nun der Wissensrahmen der Produzenten erweitert werden, somit können sich Produktionsverhältnisse gegebenenfalls ändern (vgl. ebd., S.96).

Hall merkt an, dass die Bedeutungsstrukturen des Kodierers/ Produzenten nicht zwingend mit denen des Dekodierers/ Empfängers übereinstimmen müssen. Versteht der Empfänger der Nachricht diese nicht im Sinne des Kodierers, so kommt es zu einer Asymmetrie zwischen beiden. Diese äußert sich schließlich in Missverständnissen und Verzerrungen (vgl. ebd., S.97). Dieses Phänomen ist oft unumgänglich, da neben der Denotation eines Zeichens (also seiner wörtlichen Bedeutung) auch die Konnotation (kulturelle Assoziation des Zeichens)[2] nicht außer Acht zu lassen ist. Die Konnotation kann sich je nach Kontext und Umfeld des Zuschauers von dem Zeichenverständnis des Kodierers unterscheiden. Texte haben im Alltag mehrere Bedeutungen, werden jedoch durch den jeweiligen Kontext begrenzt. So konnotiert jedes in der Werbung dargestellte visuelle Zeichen auch immer eine Situation oder eine Eigenschaft. Der Pullover, der weithin als wärmendes Kleidungsstück gilt (Denotation), kann also gleichzeitig als Zeichen für „Haute Couture" oder einen legeren Kleidungsstil stehen (Konnotation) (vgl. Hall in Bromley/ Göttlich/ Winter 1999, S.102). Jedes Zeichen ist auf der konnotativen Ebene durch die jeweilige Umwelt des Nutzers offen für neue Akzentuierungen (wenn auch nur begrenzt), die denotative Ebene der Zeichen hingegen ist von komplexen äußeren Kodes fixiert ist[3] (vgl. ebd., S.101ff).

Missverständnisse auf der konnotativen Ebene werden aufgeklärt, indem wir uns mittels vereinbarter Kodes auf die Ordnungen des gesellschaftlichen Lebens beziehen und die Nachricht auf eine bestimmte Art und Weise hin lesen. „Da es wie bereits dargelegt, keine zwangsläufige Korrespondenz zwischen Kodieren und Dekodieren gibt, kann ersteres zwar eine „bevorzugte" Leseart anstreben, den Dekodierungsprozeß jedoch nicht vorschreiben oder gewährleisten, denn dieser unterliegt eigenen Bedingungen" (Hall in Bromley/ Göttlich/ Winter 1999, S.106). Hall unterscheidet hier drei Lesearten, welche dieser drei vom Zuschauer schließlich genutzt wird, kann jedoch im Kodierungsvorgang nicht festgelegt werden- kontextspezifisch kann der Zuschauer seine Leseart auch im Laufe des komplexen Rezipierens wechseln (vgl. Krotz in Hepp/ Krotz/ Thomas 2009, S.216& Hall in Bromley/ Göttlich Winter 1999, S.106).

Erstens nennt Hall hier den „dominant- hegemonialen Ansatz" (Hall in Bromley/ Göttlich/ Winter, S.107), hier wird die konnotative Bedeutung der Sendung vom Zuschauer so übernommen, wie sie auch der Sender versteht, der Rezipient übernimmt die Nachricht hier also im Sinne der Kodierung. Dieser Ansatz beschreibt den Idealfall der „vollkommen transparenten Kommunikation" (ebd., S. 107). Des Weiteren führt Hall den „Ansatz des ausgehandelten Kodes oder der ausgehandelten Position" (ebd., S.108) an. Gemeint ist hier, dass die Mehrheit der Zuschauer den dominanten, also den der gesellschaftlichen und

---

[2] Definitionen hier aus: http://newmedia.idv.edu/fhtw95/s77600/NewMedia/semiotik.html Zugriff am 13.01.2010, 14:52Uhr

[3] Ich gehe hier davon aus, dass Sender und Empfänger weitgehend den gleichen gesellschaftlichen Regeln und Kodes unterliegen, andernfalls würde die Nachricht vom Dekodierer nicht verstanden werden können.

kulturellen Regeln unterliegenden Kode zwar versteht, die Nachricht jedoch kontext- oder situationsspezifisch individuell interpretiert. Der Zuschauer hat eigene Grundregeln, nach denen er neben den vorgegebenen operiert. „Die ausgehandelte Version der dominanten Ideologie ist somit von Widersprüchen durchzogen, obwohl diese wiederum nur gelegentlich sichtbar gemacht werden können." (ebd., S.109). Der dritte Ansatz nach Hall ist schließlich der des oppositionellen Kodes[4]. Der Zuschauer versteht zwar sowohl denotative als auch konnotative Ebene des Senders, dekodiert dennoch auf eine gegensätzliche Weise. Die Nachricht wird in einen anderen Bezugsrahmen gesetzt. Folgendes Beispiel soll diesen Ansatz noch einmal näher verdeutlichen: Sieht ein Zuschauer im Fernsehen einen Beitrag zum Thema Lohnkürzungen, fühlt sich aber nicht angesprochen, interpretiert er dieses im eigentlichen Sinne nationale Interesse als Klasseninteresse. Er agiert also nach dem oppositionellen Kode, sieht sich nicht als Betroffener, sondern als Betrachter eines Phänomens (vgl. ebd., 110).

Das Besondere am TV- Programm ist, dass ein reales Ereignis auf einer zweidimensionalen Ebene präsentiert wird. Es wird also immer nur die Nachricht eines Vorganges dargestellt, beispielsweise ist die im Fernsehen gezeigte Gewalt nicht Gewalt selbst, sondern nur die Nachricht über Gewalt (vgl. ebd., S.98). „Der Hund im Film kann bellen, aber er kann nicht beißen! Wirklichkeit existiert außerhalb von Sprache, doch wird sie kontinuierlich durch Sprache vermittelt: Und was wir wissen und aussprechen können, muß im Rahmen und mittels von Diskursen produziert werden." (Hall in Bromley/ Göttlich/ Winter, S.99). Hall macht in seinem Werk weiter deutlich, wie wichtig die Nachrichten als Kommunikationsform sind. Sie stellen geschichtliche Ereignisse dar, ein Vorfall muss also erst Geschichte werden, um hier kommuniziert zu werden. Ein solches Geschehen kann jedoch nicht 1:1 wiedergegeben werden, es wird erzählt, es gelten also die formalen Begleitregeln eines Diskurses- Dabei sollte das eigentliche Ereignis jedoch nicht in den Schatten gestellt werden (vgl. Hall in Bromley/ Göttlich/ Winter 1999, S.94).

Nachdem hier ausführlich das von Hall entwickelte Modell zur Erläuterung medialer Kommunikation vorgestellt wurde, möchte ich mich im Folgenden mit seinem Verständnis von kultureller Identität näher beschäftigen.

---

[4]Quelle: http://prof08b.lai.fu-berlin.de/index.php?id=1439 Zugriff am 9.01.2010, 12:33Uhr

3. Kulturelle Identität und Diaspora

Der zweite Schwerpunkt Halls Arbeiten liegt in der kulturellen Identität. Er sieht die Identität eines Menschen nicht als vollendet, sondern vielmehr als einen nicht endenden Prozess, als wandelbar, an. In seinem Artikel „When was the Post- Colonial?" schreibt er: „The 'subject' and 'identity' are only two of the concepts which, having been radically undermined in their unitary and essentialist form, have proliferated beyond our wildest expectations in their decentred forms into new discursive positionalities." (Hall in Chambers& Curti 1998, S. 248). Er selbst, in Jamaika geboren und im Alter von 19 Jahren nach Groß Britannien ausgewandert, hat in Europa schon viele prägende Erlebnisse aufgrund seiner Hautfarbe gehabt. Er beschäftigt sich schon seit vielen Jahrzehnten mit den Cultural Studies, in seinem Beitrag „Kulturelle Identität und Diaspora" arbeitet er zwei Varianten heraus, über kulturelle Identität nachzudenken. Sein kultureller Hintergrund, die karibischen Identität, spielt bei dieser Differenzierung eine große Rolle.

Zum einen sieht Hall kulturelle Identität als etwas an, was einer Kultur gemein ist, etwas, was Menschen teilen, was Menschen verbindet- z.B. die gemeinsame Geschichte eines Volkes oder ihre Abstammung (vgl. ebd., S.27). Zwar nutzt das Volk einen gemeinsamen gesellschaftlichen Kode und wird so zu einer Einheit- so entsteht beispielsweise das Wesen des Karibischseins, trotzdem hat jedes Kulturmitglied auch ein eigenes Selbst.

Die zweite Art, über Kultur zu reflektieren ist, sich zu fragen, was wir wirklich sind, bzw. was wir geworden sind (vgl. Hall 2008, S.29). Hier werden Brüche und Diskontinuitäten von Identitäten deutlich. Kulturelle Identitäten haben Ausgangspunkte und Geschichten, unterliegen Veränderungen und dem permanenten Spiel aus Macht, Geschichte und Kultur (vgl. Hall in Chambers& Curti 1998, S.29). Fragen wir nach unserer kulturellen Identität, fragen wir also auch danach, was wir sind und danach, was wir werden! Gerade die Tatsache, dass Hall schwarz ist, bereichert diesen Diskurs. Er erzählt in seinem Werk von Traumata der Schwarzen, die versklavt wurden, von der Suche nach Identität. Es ist eine andere Sichtweise auf die geschichtlichen, traumatisierenden Ereignisse der Kolonisierung als wir Europäer sie haben.

Die kulturelle Identität ist laut Hall also wandelbar: Verschleppe ich einen Schwarzafrikaner als Sklave in die Karibik, habe ich seine kulturelle Identität aus den Wogen gebracht. Jedes geschichtliche Ereignis kann also auch Auswirkungen auf unsere kulturelle Identität haben, jede kulturelle Identität hat eine Geschichte und jede Geschichte hat Effekte (vgl. Hall 2008, S.30). Kulturelle Identität nach der zweiten Sichtweise Halls sieht sich eingerahmt von zwei Achsen: der der Ähnlichkeit und Kontinuität und konträr dazu der Achse der Differenz und des Bruches (vgl. ebd., S.31). Das Beispiel der Kolonisierung soll dies noch einmal verdeutlichen: Afrikanische Sklaven kamen aus verschiedenen Ländern bzw. waren in unterschiedlichen Stämmen ansässig. Diese Kontinuität der eigenen (National-) Identität wurde nun durch die Kolonisatoren gebrochen. Europäer begegnen Schwarzafrikanern in der Karibik, für sie sind diese Menschen alle gleichermaßen Unterdrückte, eigentlich sind es aber ca. 36 Millionen Menschen verschiedener Herkunft[5], die dort leben. Hall erwähnt noch ein anderes Beispiel aus seiner eigenen Erfahrung: „Als ich die französische Karibik zum ersten Mal besuchte, sah ich sofort den Unterschied zwischen Martinique und beispielsweise Jamaika, der nicht eine bloße Differenz der Topografie und des Klimas ist, *sondern* eine tiefgreifende kulturelle und historische Differenz." (ebd., S.32). Hall selbst sieht also Unterschiede zwischen einer französischen Kolonie und einer ehemals spanischen bzw. britischen, die wir als europäische Urlauber vielleicht nicht erkennen würden (Achse der Differenz). Deportation, Sklaverei und Kolonisierung vereinen die Menschen hier über ihre kulturellen Differenzen hinweg miteinander (Achse der Ähnlichkeit), sie werden alle gleichermaßen zu Marginalisierten, zu Unterdrückten.

Hall definiert weiter drei Präsenzen der karibischen Identität[6]: die Présence Africaine, die das Verdrängte darstellt, viele Afro- Kariben erkannten sich in den 70-ern erstmals als Söhne und Töchter der Sklaverei. Weiter arbeitet er die Présence Européene heraus, hier werden Unterentwicklung, Armut und Kolonialismus deutlich, und schließlich die Présence Americaine. Dieser dritte Bestandteil der karibischen Identität stellt „das Neue" dar, schließlich hat kein Karibe seinen Ursprung dort, sondern ist im Zuge der Entdeckung Amerikas hierhin gekommen bzw. gebracht worden (vgl. Hall 2008, S.34ff). Hall verwendet den Begriff der Diaspora, um sein Identitätskonzept weiter zu erläutern. Diaspora bezeichnet wörtlich Verstreutheit, in diesem Sinne beschreibt der Begriff die Hybridität der (karibischen) Identität. Hall ist der Ansicht, dass es auch keine Nationalidentität mehr gibt, die homogen, also „rein", ist[7], schließlich wurden viele Nationen infolge kriegerischer Auseinandersetzungen erschaffen, erzwungen also. Viele Menschen haben sich mit Menschen anderer Kulturen „vermischt", sodass heutzutage kein Mensch mehr beispielsweise „rein" deutsch ist. Hall beschreibt das eigentlich Karibische in der Mischung aus Farben, Pigmentierung und Geschmacksvariationen, die die Vereinigung verschiedener Kulturen dort mit sich gebracht hat.

---

[5] Quelle: http://de.wikipedia.org/wiki/Karibik, Zugriff am 11.01.2010, 16:21Uhr
[6] Natürlich hat Hall hier andere kulturelle Präsenzen wie die chinesische o.ä. unberücksichtigt gelassen, dennoch gibt es diese kulturellen Hintergründe auch in der Karibik.
[7] Näheres dazu in : Die Frage der kulturellen Identität. Erschienen in Hall: Rassismus und kulturelle Identität, S. 180- 222. Hamburg. Argument Verlag 2008

Hall selbst hat schon kurz nach seiner Geburt eine heftige Begegnung mit dem Thema Kulturzugehörigkeit gehabt, so schreibt er: *„Ich war das schwärzeste Mitglied meiner Familie. Eine Geschichte darüber wurde immer als Witz erzählt: meine Schwester, die sehr viel heller war als ich, schaute nach meiner Geburt in die Wiege und sagte: „Wo habt ihr denn das Coolie- Baby her?" „Coolie" ist in Jamaika ein Schimpfwort für einen armen Ostinder, der als das Unterste vom Untersten galt. Meine Schwester hätte also nicht gesagt: „Wo habt ihr das schwarze Baby her?", denn es galt als undenkbar, dass sie einen schwarzen Bruder haben könnte. Aber sie bemerkte doch, dass ich eine andere Farbe hatte als sie. Das ist in Mittelklasse- Familien in Jamaika sehr üblich, weil sie ein Produkt von Verbindungen zwischen afrikanischen Sklaven und europäischen Sklavenhaltern sind und daher Kinder verschiedenster Schattierungen hervorbringen."* (Hall 2002, S.9). Hier wird der Begriff der Diaspora noch einmal verdeutlicht, Halls Vorfahren waren Menschen verschiedenster Herkunft, die im Zuge der Sklaverei nach Jamaika deportiert wurden. Die Familie des Vaters „war ethnisch sehr gemischt- afrikanisch, ostindisch, portugiesisch, jüdisch. Die Familie meiner Mutter hatte eine sehr viel hellere Hautfarbe; wenn du ihren Onkel gesehen hättest, hättest du ihn für einen englischen Auswanderer gehalten, fast weiß, oder was wir das „lokale Weiße" nennen. (Hall 2002, S.8).

4. Literatur

- Hall, S.: When was the Post- Colonial? Thinking at the limit. Erschienen in: Cambers, I.; Curti, L.: The Post- Colonial Question: Common Skies, Divides Horizons. New York. Routledge 1998, S. 242- 260

- Hall, S.: Kodieren/ Dekodieren. Erschienen in: Bromley, R.; Göttlich, U.; Winter, C.: Cultural Studies. Grundlagen zur Einführung. Lüneburg. Dietrich zu Klampen Verlag 1999, S.92- 110

- Hall, S.: Die Formierung eines Diaspora- Intellektuellen. Interview mit Stuart Hall. Die Fragen stellt Kuan- Hsing Chen. Erschienen in: Hall, S.: Cultural Studies. Ein politisches Theorieprojekt. Ausgewählte Schriften 3. Hamburg. Argument Verlag 2002, S.9- 33

- Hall, S.: Rassismus und kulturelle Identität. Ausgewählte Schriften 2. Hamburg. Argument Verlag, 4.Auflage 2008

- Krotz, F.: Stuart Hall: Encoding/ Decoding und Identität. Erschienen in: Hepp, A.; Krotz, F., Thomas, T. (Hrsg.): Schlüsselwerke der Cultural Studies. Wiesbaden. VS Verlag 2009, S.210-223

- Freie Universität Berlin online: Stuart Hall, Forschungsergebnisse Kodieren/ Dekodieren, verfasst von T. Behnisch, M. Hengstermann, M. Schmitz (Stand 12.10.2006): http://prof08b.lai.fu-berlin.de/index.php?id=1439, Zugriff am 9.01.2010, 12:33Uhr

- Überblick über die Geschichte und Bevölkerungsstruktur der Karibik : http://de.wikipedia.org/wiki/Karibik, Zugriff am 11.01.2010, 16:21Uhr

- Kurze Definition zu Semiotik, Denotation& Konotation: http://newmedia.idv.edu/fhtw95/s77600/NewMedia/semiotik.html, Zugriff am 13.01.2010, 14:52Uhr

- Stuart Hall: Postkolonialismus, zusammengefasst von Heidemarie Uhl im Rahmen des Berichtes über den 8. Workshop des SFB Moderne in Trento (Mai 2001) des Sozialforschungsbereiches Kulturwissenschaftliche Perspektiven auf Wien und Zentraleuropa um 1900: http://www-gewi.kfunigraz.ac.at/moderne/heft7w.htm Zugriff am 17.01.2010, 13:42 Uhr

- Grafik des Modells Kodieren/ Dekodieren zur Veranschaulichung: http://images.google.de/imgres?imgurl=http://www.roebkers.de/medien/IMG00007.GIF&img refurl=http://www.roebkers.de/medien/diplarb3.htm&usg=__7fnY9VHiyEdI7OUPyoBL-TXlwCs=&h=300&w=540&sz=4&hl=de&start=1&um=1&tbnid=qryR1yVhHT4CNM:&tbnh=73&tbnw=132&prev=/images%3Fq%3Dmodell%2Bcoding/%2Bdecoding%2Bhall%26hl%3Dde%26client%3Dfirefox-a%26rls%3Dorg.mozilla:de:official%26hs%3Dqtj%26sa%3DG%26um%3D1, Zugriff am 12.01.2010, 14:44Uhr